Kleine Schule des Verstehens

Mamoru Itoh

Kleine Schule des Verstehens

»Ich will dir sagen, was ich fühle«

Illustriert von Hiromi Isogawa

Mosaik

»Ich will dir sagen, was ich fühle.«

»Ich will dir sagen, was ich fühle.«

So begannen Menschen,
miteinander in Beziehung zu treten.

Ein Gespräch zwischen zwei Menschen, auch wenn dabei keine Worte gewechselt werden, ist wie Ballspielen.
Ich werfe dir den Ball zu und du fängst ihn auf.
Dann wirfst du mir den Ball zu und ich fange ihn auf.
Und dann werfe ich wieder ...

»Ich will dir sagen, was ich fühle.«
So begannen Menschen, miteinander in Beziehung zu treten.
Genauso, wie wir den Ball hin und her werfen müssen, um Ball zu spielen,
müssen wir über unsere Gefühle sprechen,
um miteinander ein Gespräch zu führen.

Seid ihr zu nah beisammen
oder zu weit voneinander entfernt,
ist es nicht leicht, Ball zu spielen.
Mit einem Gespräch verhält es sich genauso.
Bist du zu nah oder zu weit entfernt
von deinem Liebsten, deinem Freund,
deinem Kind oder deinen Eltern,
ist es nicht leicht, sich mit ihnen
auszutauschen.

Ein richtiges Gespräch kann nicht entstehen,
wenn zwei Menschen gleichzeitig reden.
Die eine oder andere Seite muss den ersten
Schritt tun.
Und den Ball werfen.

Aber vielleicht möchtest du den Ball
nicht als Erster werfen – sondern wartest
lieber, bis ein anderer ihn dir zuspielt.
(Denn wenn du ihn wirfst und niemand ist da,
um ihn aufzufangen, bist du unglücklich.)

Es kann vorkommen,
dass du zurückgewiesen wirst.

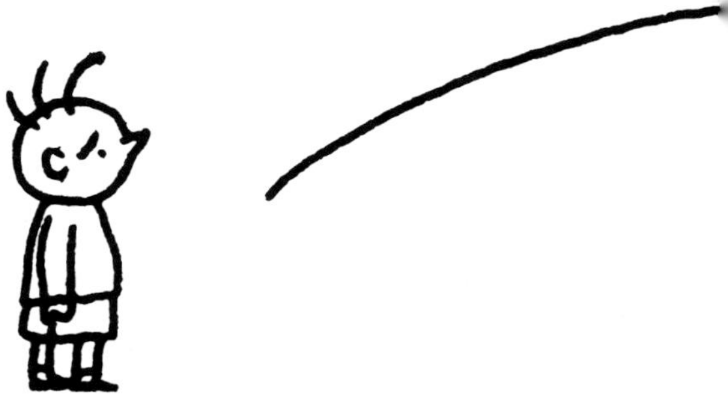

Es kann vorkommen, dass du den Ball wirfst,
weil du jemandem zum Spielen auffordern
möchtest,
und du zusehen musst, wie dieser den Ball
einer anderen Person zuwirft.

Seit frühester Kindheit sind wir daran gewöhnt,
dass es Menschen gibt,
die nicht zuhören, wenn wir etwas sagen.
»Ich bin im Moment beschäftigt«, sagen sie.
»Wir reden später, einverstanden?«

Und deshalb denken wir irgendwann:
»Es interessiert ohnehin niemanden, was ich sage.«
Daher erfordert es Mut, als Erster den Ball zu werfen.

Manchmal bringt man endlich den Mut auf,
den Ball einem anderen Menschen zuzuwerfen,
und dann wirft er ihn achtlos weg.
Ist dir das schon einmal passiert?

Oder du wirfst den Ball sanft, mit ganz viel Gefühl,
und dann schießt der andere ihn mit voller Wucht zurück ...
Ist dir das schon einmal passiert?

Oder du wirfst einen Ball so groß wie ein
Kürbis,
und wenn er zurück kommt, ist er auf Erbsengröße geschrumpft …
Ist dir das schon einmal passiert?

Hast du dir jemals gesagt:
»Statt den Ball zu werfen
und unglücklich zu sein,
ist es besser, nicht zu werfen.
Ich warte lieber,
bis jemand anderer mir einen zuwirft«?

Aber was ist, wenn dir niemand einen
zuwirft ...?

Du bist nicht der Einzige,
der zurückgewiesen wird,
der den Ball mit voller Wucht zurück geschossen
bekommt,
der unglücklich ist.
Vielleicht schießt auch du den Ball bisweilen
mit voller Wucht auf einen anderen
Menschen ab,
machst ihn unglücklich,
ohne dass es dir bewusst ist!

Wir alle wünschen uns,
dass unsere Bälle aufgefangen werden.

Wir alle wünschen uns,
dass andere hören, was wir sagen.

Wir alle wünschen uns,
dass andere uns wahrnehmen.

Aber wer soll all die Menschen wahrnehmen,
die wahrgenommen werden wollen?

Wenn die Person, der du den Ball mit all deinem
Gefühl zugeworfen hast, ihn auffängt, und
wenn du den Ball auffängst, den dir diese Person
mit all ihrem Gefühl zuwirft,
dann ist eine Runde des Gesprächs vollzogen.

Doch manchmal haben wir das Gefühl:
»Er hat ihn nicht so aufgefangen, wie ich wollte!«
oder
»Es war mir nicht möglich, den Ball aufzufangen,
den er mir zugeworfen hat!«
Dann schleppen wir eine Menge nicht zustande
gekommener Gespräche und Gedanken, die
nicht ausgetauscht werden konnten, mit uns
herum.

Wenn sich die Gespräche, die man sich
gewünscht hat,
die aber nicht zustande kamen, anhäufen,
geraten unsere Gefühle irgendwann aus
dem Gleichgewicht.

Wir werden
aggressiv,
besorgt,
wütend,
voreingenommen,
unfreundlich.

Und hin und wieder explodieren wir …

Und dann, ganz allmählich,
verändern wir uns, werden hart, so dass wir
gar nichts mehr fühlen ...

Und früher oder später
sind wir ganz allein.

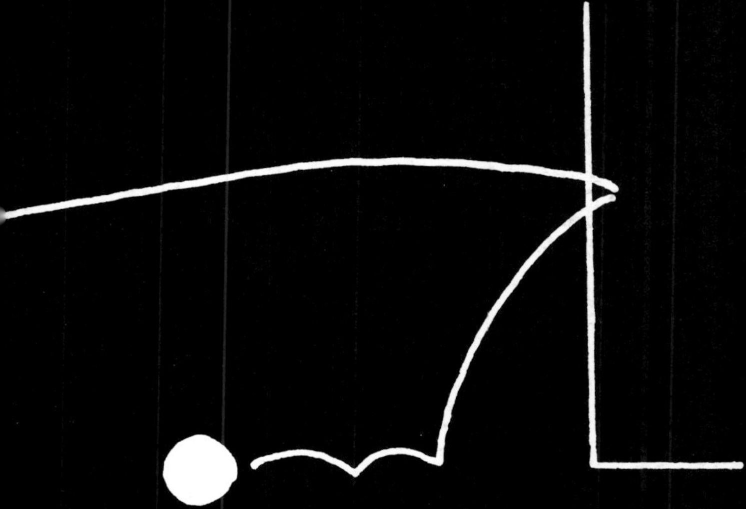

Wenn die Person, der du den Ball zugeworfen
hast,
ihn nicht so auffängt, wie du wolltest,
gib nicht ihr die Schuld.

Vielleicht liegt es nur daran,
dass sie nicht gut Ball spielen kann.

Vielleicht liegt es nur daran,
dass sie nervös war und ihre Hand den Ball
verfehlt hat.

Vielleicht liegt es nur daran,
dass dein Ball zu schwer war.

Wenn dein Chef oder deine Eltern oder dein
Partner dich nie ausreden lassen,
wie fühlst du dich dann?

Wenn dir drei oder vier Bälle gleichzeitig
zugeworfen werden,
wie fühlst du dich dann?

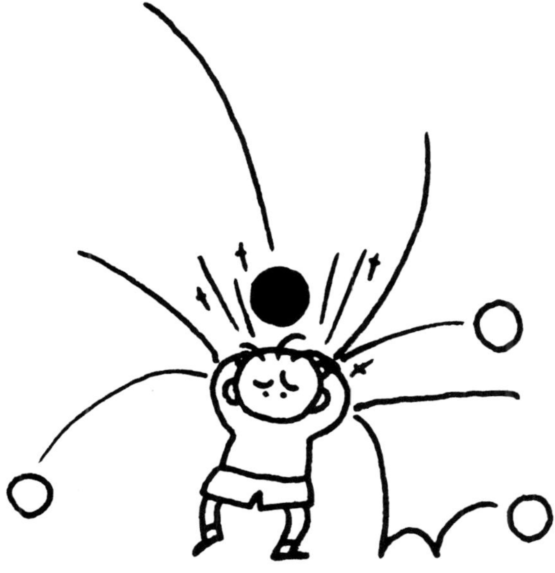

Ob du selbst gut Gespräche führen kannst,
ob mit oder ohne Worte,
kannst du daran erkennen,
wie die Person, mit der du dich austauschen
willst, reagiert.

Auch wenn du dir die Wahrheit nicht gerne eingestehst.

Es gibt eine gute und eine schlechte Möglichkeit,
miteinander ein Gespräch zu führen.
Sich auszutauschen
ist ein gute Möglichkeit, miteinander in
Beziehung zu treten.
Sich nicht auszutauschen
ist ein schlechte Möglichkeit, miteinander in
Beziehung zu treten.
Genauso schlecht ist es,
Informationen in einer Weise auszutauschen,
die einem Gespräch ähnelt –
aber ein Pseudo-Gespräch ist.

Was versteht man unter einem Pseudo-
Gespräch?
Nur über das Wetter reden, über Sport oder
über das andere Geschlecht
ist ein Pseudo-Gespräch.
Nur aus der Sicht deiner Rolle im Leben reden
(als älterer Mensch, als Lehrerin, als
jüngerer Mensch, als Ehemann, als Ehefrau)
ist ein Pseudo-Gespräch.

Wenn du Informationen auf diese Weise aus-
tauschst,
brauchst du keine Angst zu haben,
dass du einsam erscheinen könntest.
Du brauchst keine Angst zu haben,
dass du einem Streit gegenüberstehen wirst.
Aber du wirst auch niemals überwältigende
Freude empfinden – oder das Gefühl,
wirklich lebendig zu sein.

Wenn sich das Verhalten der Person, mit der du dich austauschst, nicht verändert, bedeutet das, dass kein echtes Gespräch stattfindet.
Es werden nur Höflichkeiten ausgetauscht.
Ein echtes Gespräch führt immer zu neuem Verhalten.

Es besteht ein Unterschied, ob Menschen
echte Gespräche führen oder ob sie bereits
bestehende Beziehungen bestätigen.
Beziehungen werden im Lauf der Zeit zu
starren Mustern.
Ein Gespräch kann diese Muster aufbrechen.

Welche Art von Beziehung wünschst du dir?

Ein Grund für Probleme bei Gesprächen ist,
dass wir zwar sagen,
wir möchten mit jemandem befreundet sein.
Aber im tiefsten Innern wollen wir unbedingt beweisen,
dass wir besser sind als sie oder er.

Welche Art von Beziehung wünschst du dir?
Eine einseitige Beziehung, in der ihr euch ignoriert?
Oder euch gegenseitig übertrumpft?
Oder eure Gefühle unter Verschluss haltet?

»Wäre ich nur besser als dieser da!« sagst du.
Ohne es zu merken, benutzen wir ein Gespräch oft als Mittel, um uns mit anderen zu messen.

Aber vergiss nicht:
Die nächste Runde eines Gesprächs erreichen wir, wenn wir den anderen annehmen.
Menschen ändern ihr Verhalten, wenn sie sich angenommen fühlen.

Jemanden mögen bedeutet nicht zwangsläufig,
jemanden annehmen.
Wenn es einen Menschen gibt,
den du einfach nicht magst,
nimm zunächst dein »Ich« an,
das diesem Menschen nichts abgewinnen kann.

Das Ausmaß,
in dem du einen anderen Menschen annimmst,
ist völlig identisch mit dem Ausmaß,
in dem du dich selbst annimmst.

Einen Menschen annehmen bedeutet,
zuhören, was dieser Mensch sagt.

»Ich will dir sagen, was ich fühle», sagst du,
»aber keiner hört mir zu.«
Du bist nicht der Einzige, der oft solche
Gedanken hat.

Das geschieht jedes Mal,
wenn Menschen ein Gespräch benutzen,
um sich mit anderen zu messen, statt sie
anzunehmen.

Solange du denkst, dass deine Fähigkeit,
ein echtes Gespräch zu führen,
die Fähigkeit ist zu reden,
wirst du nie das Gefühl der Nähe
zu einem anderen Menschen verspüren.

Deine Fähigkeit, ein echtes Gespräch zu führen,
hängt von der Fähigkeit ab,
eine andere Person zum Sprechen zu ermutigen –
und von deiner Fähigkeit zuzuhören, was sie
zu sagen hat.
Zuhören bedeutet, dass du alles hörst,
was die andere Person zu sagen hat,
ohne zu bewerten, zu leugnen
oder diese Person mit dir selbst zu vergleichen.

Wenn du wirklich zuhörst
und bereit bist, den anderen anzunehmen,
wird es ihm leicht fallen zu sprechen.

Selbst wenn der Ball schwer zu fangen ist
oder er dir kraftlos zugeworfen wurde:
wenn du bereit bist, dein Bestes zu tun ...
wirst du ihn auffangen!

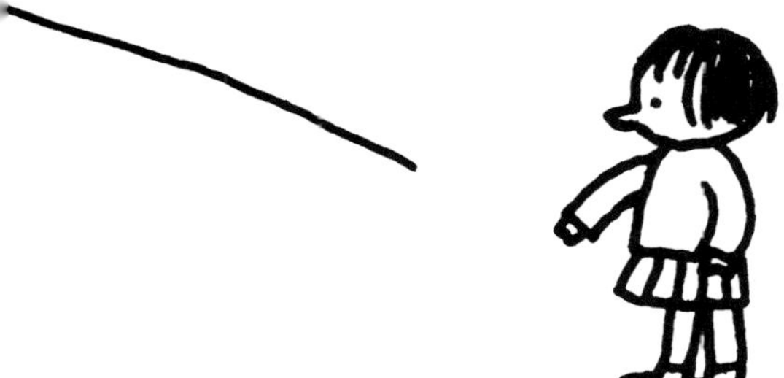

Du kannst keinen Ball auffangen,
wenn du nichts tust als warten.

Wenn du wirklich bereit bist, den anderen
anzunehmen,
mach den ersten Schritt.
Bring dich mit jeder Faser deines Körpers ein.
Streck die Hand aus
und nimm das an, was sich unmittelbar
vor dir befindet.

Wenn du meinst,
dass das Annehmen eines anderen bedeutet,
alles gutzuheißen,
was diese Person sagt oder tut,
wird es nicht leicht sein, sie anzunehmen.

Annehmen bedeutet,
alles anhören, was ein anderer Mensch zu sagen
hat, und es für bare Münze nehmen.

Wenn wir andere annehmen,
können wir unterschiedliche Gedanken,
unterschiedliche Interessen,
unterschiedliche Gefühle haben –
und uns trotzdem nahe sein.

Wenn wir andere annehmen,
ist eine weitere Runde eines Gesprächs
vollzogen.

Wenn wir die nächste Runde eines Gesprächs
erreicht haben,
fühlen wir uns erleichtert.

Wenn zwei Menschen sich zum ersten Mal
begegnen, sind beide nervös.
Das Problem ist nicht die Nervosität.
Das Problem tritt erst auf, wenn sie versuchen,
ihre Nervosität zu verbergen.

Du bist so besorgt darüber,
wie gut du den Ball wirfst,
dass du die Sorge überspielst und tust,
als sei alles in bester Ordnung.
Du bist so besorgt darüber,
wie gut du den Ball auffängst,
dass du die Sorge überspielst und tust,
als sei alles in bester Ordnung.

Erst wenn du aufhörst, so zu tun,
als sei alles in bester Ordnung,
nimmst du dich selbst an.
Erst wenn du dich selbst angenommen hast,
kann ein echtes Gespräch stattfinden.

»Ich will dir sagen, was ich fühle.«
Wenn du beginnst, so zu empfinden,
wirst du anderen Bälle zuwerfen, die leicht
zu fangen sind.

(Ein Mensch, der noch nicht oft Ball gespielt hat,
kann keine Bälle fangen, die blitzschnell oder
in hohem Bogen geworfen werden,
selbst wenn er es möchte.
Wenn die Person, mit der du spielst,
nicht imstande ist, andere anzunehmen,
wirf einen Ball, den sie leicht auffangen
kann.)

Wir leben, um miteinander in Beziehung
zu treten.
Wenn sich die Art, wie du Gespräche führst,
bei einem einzigen Menschen ändert,
ändert sich deine Beziehung zu allen
anderen Menschen.
Deine Beziehung zur Arbeit
und deine Beziehung zum Leben
werden sich ebenfalls ändern.
Und ändern wird sich auch die Beziehung
zu dir selbst.

»Ich will hören, was du fühlst.«

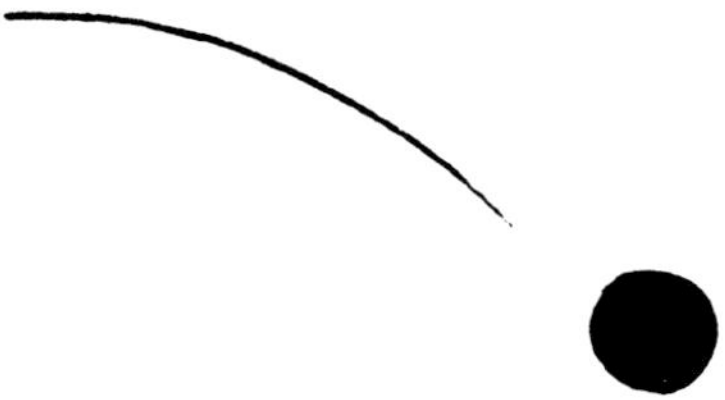

So begannen Menschen,
miteinander in Beziehung zu treten.

Japanischer Originaltitel: »Kono kimochi tsutaetai«
Japanischer Originalverlag: Discover 21, Inc.
Amerikanischer Originaltitel:
»I Want to Tell You About My Feelings«
Amerikanischer Originalverlag:
William Morrow and Company, Inc.

in der Verlagsgruppe Bertelsmann GmbH / 5 4 3 2 1
Übersetzung aus dem Englischen: Ursula Bischoff
Redaktion: Monika König/Beatrix Heeg
Satz: Filmsatz Schröter GmbH, München
Druck: Alcione, Trento
Bindung: Ecoprint, Lavis-Trento
Printed in Italy
ISBN 3-576-11452-1